霽峰　李　弼　秀　著

鮮文通解

# 自 序

天下之物이 不修則廢하고 不治則亂하나니 廢亂이 至極則其道가 遂滅은 理之昭然也

니라 昔日에 우리의 文字로 우리의 言語를 記錄한바가 甚少하고 漢文만 使用한 故로 今

日에 至하야 우리의 말과 우리의 글이 서로 判然不同하니 엇지 可惜지 아니하리오

大抵 言語라 하난것은 意思를 發表한者며 文字라 하난것은 言語를 代表한者니 故로 語

法이 精一하여야 聽之也易하며 文法이 精一하여야 解之也易한지라 萬若 語法이 不一

하며 文法이 不同하야 語者와 聽者로 하야금 一軌에 不出하고 各各 岐貳를 生할時는 엇

지 完全한 語法이 되며 完全한 文法이 되리오

噫라 朝鮮文은 發音의 精妙함과 作文의 組織法이 宇宙에 特別하야 比肩할者가 無거날

今日에 至하야 何故로 衰頹함이 此極에 達하였나뇨 不佞이 此에 有憾된바가 甚한지라

故로 蔑學의 淺狹함을 不顧하고 猥濫히 此書를 著하야 讀者의 參考에 供하오니 萬若 此

가 朝鮮文典에 對하야 萬分之一이라도 裨益이 된다 할진대 不佞의 生光이 實로 遠大하

리로다 一筆로 同情의 淚를 表하고 後日을 祝福하노라

# 凡例

一、本書는反切의正音을表示하야其本을不失케한者니故로有音無字의弊라든지
有字無音의弊가없게하니라

一、本書의編輯이漢字를兼用한것은不俟의本志가아니나現代의學習上에便宜를
從하야이와같히됨이니實로不得已한바니라

一、本書는現代에通行되난言語로根源을定하였나니何故오言語는活物이라時
代의變遷과文化의進步를隨하야應用됨이니라

一、本書는京言을主体로定한故로漢字의音도現代의京音에基하야텬디(天地)를
천지라력亽(歷史)를력사라뎍슈(敵手)를뎍수라뎐션(電線)을젼선이라뎡거
쟝(停車場)을졍거쟝이라묘츙(鳥銃)을조총이라모다記하나라或者는던디音이
中國音이라하야此를是라主唱하나此는甚히不可하니何故오萬若天地音을是
라主唱할진대푼밍(分明)푼등山東音음은何故로분명이며푸부(夫婦)音은何故로

부부며허신(合心)山東音 훠신 音은 何故로 합심이라하나뇨 漢音과 不同함이 擧皆如

彼하니 或者의 如此한 主唱은 決코 不可하니라 中國人으로도 北京音과 山東音이

不同하며 山東音과 南京音이 더욱 不同한것은 諸君의 知悉하난바니 故로 現代의

普及되난 京言을 主体로 定하니라

一、 本書는 文字의 活用法을 各各 分析한故로 文句의 作成法에는 畧하야 例컨대 오앗

다를 왔다 로 쓰었다 로 쓰었다 를 쓰었다 를 누구인지를 누군지로 作成하니라

一、 本書는 正音을 主体로 定한故로 俗에 訛傳되야 理에 不合한者는 或 除祛하며 或 新

制하였나니 讀者는 深思熟慮하심을 祝하오며 萬若其中에 難解点이 有할時는 通

知하심을 仰企

一、 本書의 編輯法은 三篇으로 分하야 上篇에는 文字의 制作된 理由와 反切의 發音種

類變化等이며 中篇에는 文字의 種類와 其種類의 變化며 下篇에는 句語의 諸般組

織法과 文句의 區別을 말하야 作成하니라

# 鮮文通解 目錄

五六

鮮文通解 目錄

終

# 鮮文通解

## 上篇

### 第一章 文字의 原論

文字라하난것은言語를代表한者며言語라하난것은意思를發表한者니故로文字는

完全한發音과完全한文法을要하나니라

萬若文字의發音法이不完全하며文字의組織法이不完全할時는如此한文字는文明

國의文字라稱할수없나니라

故로文明國에서는其國의文字를作코자할時에먼저完全한發音을要하며다음에完

全한文法을要하나니라

完全한發音을要할時는陽音과陰音의兩個音을반다시求하나니라

陽音과陰音을求한後에如何한表로든지一次確定한以上에는再次他音으로兼用됨

을不得하나니라

例 陽音ㅏ此表는一個ㅏ或數個의如何한陰音과合하든지ㅏ라난發音을不變하

ㅏ나니라

陰音ㄱ此表는一個ㅏ或數個의如何한陽音과合하든지ㄱ라난發音을不變하

ㅏ나니라

萬若一定한發音表로二個以上乃至三四個의發音을能히한다하면此는全혀經緯가

無한者며또한複雜함이如何하리오故로如此히制作된文字는幼稚함을難免하나니

例

ㅏ라

陽音中에ㅗ此表는ㅓ此表나ㅜ此表나以外他表로發音함을不得하나니라

陰音中에ㄹ此表는ㅂ此表나ㅅ此表나以外他表로 發音함을 不得하 나니

例

ㅏ라

陽音이란것은其聲이口로붙어 分明하게自由로發音됨을云함이니라

陰音이란것은自由로發音치못하난것이니卽若干의陽音과合하여야만되난것이니

ㅏ라

陽音이나陰音을表한点을切이라云하며兩切이合한것을韻이라云하나니라

切은發音을代表할뿐이오完全한文字를成하난能力은無함으로一個나或數個의陽

陰切을合하야一個文字를作成하나니라

陽切이二個나或二個以上으로合하야一個文字를作成한以上에는其發音의長短이

均一하고는될수없난故로반다시高低音을要하나니라

是故로正音에長短의別을定하야最長者는左에二点을打하고稍長者는左에一点을

打하고平常者는無点으로表하였나니一例를示하노라

例 우리가이일을이와갈히머뭇하야결단하지못하면도저히될수없다

打点表

우 리

머 뭇

결 단

도 저히

萬若第一人稱複數代名詞의下切左部에잇난高音表를移轉하야上切左部에打한즉

其文字의義가變하야他文字로되나니如下하나라

例　돼지우리를보시오

打点表

우　리

右와如히高音表를移轉하야發音한즉猪의居하난處를呼함이니라

○우리의文字와우리의言語는世界에比할者이업거날中葉에漢文에迷惑한汚儒가

輩出하야村谷間에서未開한兒童을自己의淺見대로指導하엿음으로우리의文字

가如何히組織되엿난지如何한關係가有한지全혀不知하며이뿐만아니라이것을

따라言語도高低音이不分明한者가多하니라故로今日此時는文字의完全한發音

과完全한文法을要하난此時니라

現今東西洋各文明國의文字發音을觀컨대朝鮮文字로는能히다쓸수잇으나朝鮮

文字의發音은全世界各國文字의發音을다集合하야가지고쓴다할지라도될수업

나니라

偉大하며 壯嚴하다우리 文字의 能力이여 將次全世界人類의 文字를 凌駕할지니 換

言하면天上天下에獨一無二한 靈精이니라

## 第二章 反切의 原論

反切은朝鮮文字의 名稱을代表한特別名詞니

世宗朝二十五年癸亥에成하시고二十八年丙寅에中外에頒布하시니라

(癸亥年은距今壬戌年即開天四千三百七十九年西曆一千九百二十二年으로불

어四百八十年前이니라)

勅語

國之語音異乎漢土與其文字不相流通故愚民有所欲言而終不得伸其情者多矣予爲

此憫然新制二十八字欲使人人易習便於日用

訓民正音中聲十一字

ㅏ 如覃字中聲

ㅑ 如穰字中聲

ㅓ 如業字中聲

ㅕ 如彆字中聲

ㅏ 如洪字中聲

ㅛ 如欲字中聲

ㅗ 如君字中聲

ㅜ 如成字中聲

ㅠ 如即字中聲

一 如侵字中聲

丶 如呑字中聲

　 訓民正音初聲十七字

ㄱ 如君字初發聲

ㅋ 如快字初發聲

ㆁ 如業字初發聲

ㄷ 如斗字初發聲

ㅌ 如吞字初發聲

ㄴ 如那字初發聲

ㅂ 如步字初發聲

ㅍ 如漂字初發聲

ㅁ 如彌字初發聲

ㅈ 如即字初發聲

ㅊ 如侵字初發聲

ㅅ 如戌字初發聲

ㆆ 如挹字初發聲

ㅎ 如虛字初發聲

ㅇ 如欲字初發聲

己　如圍字初發聲

△　如穰字初發聲

○新羅時代에 學士薛聰의 口訣이 있으며 高麗末에 至하야 鄭夢周權近諸氏의 繼作한

바가 有하나 此로써 엇지 圓滿한 發音을 作하리오 故로 學者에 對하야 語音의 不正함

과 句讀의 不明함과 學習에 困難함은 不必多言이며 또한 腐儒俗士가 互相訛傳하야

文化開發에 莫大한 障碍를 與하난지라 於是에

聖神하옵신

世宗께서 此를 憂慮하사 朴彭年成三問鄭麟趾申叔舟丘從直金禮蒙韓繼僖崔恒徐

居正諸儒臣으로 考古證今하사 叅正口訣하사 正音을 創作하시와 中外에 頒布하시

니라

巍々哉라 正音의 創作됨이여 實로 朝鮮文化史上에 獨一無二한 赫々한 一大新紀元

이니라上으론 幾千年來의 區々한 弊習을 一掃하시고下으론 億萬歲에 至도록 一般

蒼生에게 無窮한 福音을 賜하셨나니 正音의 權能이 如此히 偉大커날이뜻을받아그

妙理와 그 光彩를 他民族에게 傳播한 者가 幾人인지

噫他民族에게 傳播함은 莫論하고 朝鮮人間에도 普及이 完全히 못되였나니 這間에

正音通釋이있고 諺文志가있다할지나 이도 또한 詳細치못하며 挽近二十年以來로

識時의 士가 此에 注意하야 우리의 글로 著述하난 書籍이 日로 增加되지마는 文字의

作成法이 또한 各其 不同하니 엇지 汲々지 아니하리오 玆에 有憾됨이 果然甚하도다

## 第三章　陽　切

### 第一節　單陽切

單陽切은六個로 制作되니 如下하니라

ㅏ ㅓ ㅗ ㅜ ㅡ ㅣ

單陽切이란것은 二個以上의 不同한 陽切이 相合하야 된者가 아니요 單純한 陽音을
表한者니라

### 第二節　二重合成陽切

二重合成陽切은 現今에 十三個로 通行되나니 如下하니라

二重合成된바는如下하니라

ㅑㅕㅛㅠ、ㅒㅖㅢㄲㄸㅃㅆㅉ

ㅑㅣ兩切이相合한것

ㅕㅣ兩切이相合한것

ㅛㅣ兩切이相合한것

ㅠㅣ兩切이相合한것

、ㅣ兩切이相合한것

ㅏㅣ兩切이相合한것

ㅐㅣ兩切이相合한것

ㅔㅣ兩切이相合한것

ㅗㅣ兩切이相合한것

ㅜㅣ兩切이相合한것

ㄱㅣ兩切이相合한것

ㅓㅣ兩切이相合한것

ㅘ　ㅗㅏ 両切이 相合한것

ㅝ　ㅜㅓ 両切이 相合한것

合成陽切이란것은二個以上의不同한陽切을合하야一個의間音을作한者니以下

에示한三重合成及四重合成도亦然하니라

　　第三節　三重合成陽切

三重合成陽切은現今에八個로通行되나니如下하니라

ㅖㅒㅙㅞㄲ게

三重合成된바는 如下하니라

ㅖ　ㅣㅓㅣ三切이 相合한것

ㅒ　ㅣㅏㅣ三切이 相合한것

ㅙ　ㅗㅏㅣ三切이 相合한것

ㅞ　ㅜㅓㅣ三切이 相合한것

ㄲ　ㅜㅓㅣ三切이 相合한것

ㅘ　ㅗㅏㅣ三切이 相合한것

ㅔ ㅡㅜㅓ三切이 相合한것

ㅐ ㅡㅘㅓ三切이 相合한것

ㅖ ㅜㅓㅣ三切이 相合한것

第四節　四重合成陽切

ㅙ

四重合成陽切은 現今에 二個로 通行되나니 如下하니라

ㅙ

四重合成된바는 如下하니라

ㅙ ㅡㅗㅏㅣ四切이 相合한것

ㅖ ㅡㅜㅓㅣ四切이 相合한것

第五節　ㅏ、兩切의 差別

ㅏ、兩切의 差別이 中路에 至하야 混同된지라 故로 其正音을 下에 畧示하야 分類하노라

| 例 | 鏡城 |
| --- | --- |
| 誤 | 경셩 |
| 正 | 경성 |

慶州　경쥬　경주

藿　미역　목

星　별　별

卜書房　변셔방　본셔방

與論　여론　으론

與受　여슈　으슈

硯水　연슈　온슈

捐助　연조　온조

染色　염싴　염색

厭症　염증　음증

影算　영산　응산

永春　영츈　응츈

片紙　편지　쥰지

貶論 폄론 폄론

大抵卜、의分別이以上과如커날挽近에우리의글을硏究하난諸氏中에或은말하

되卜、兩切의分別이없은지己久한지라除去함이可라하야、切廢止說을主唱하

난者도有하며或은、切을卜切로仍用하자고主唱하난者도有하니噫라이와같은

主唱에對하야눈驚愕함을不已하노라

윗지敢히如此한學說을妄俊되히主張하난지如此한學說은後生의前道에莫大한

荊棘을加하야文明의事業에障碍를與함이니換言하면明을棄하고暗으로向케함

이니라讀者는深思熟慮하야叅考하심을望하며以是祈禱

第四章 陰 切

第一節 單陰切

單陰切은十四個로制作되니如下하니라

ㄱㄴㄷㄹㅁㅂㅅㅇㅈㅊㅋㅌㅍㅎ

單陰切이란것은單純한陰音을表한者니라

## 第二節　二重合成陰切

二重合成陰切은强合音軟合音濁合音의三種으로分하야幾許라도制作될수있나니下에略示하노라

强合音　ᄁ ᄔ ᄘ ᄄ ᄙ ᄈ ᄊ ᄍ

軟合音　ㄷㅎ ㄹㅎ ㅂㅎ ㅅㅎ ㅈㅎ ㅍㅎ

濁合音　ㄱㆁ ㄴㆁ ㄷㆁ ㄹㆁ ㅊㆁ ㅋㆁ

合成陰切도合成陽切의義와如히二個以上의不同한陰切을合하야一個의閒音을作한者니라

## 第三節　三重合成陰切

三重合成陰切은强合音에든지軟合音에든지鼻音을合한즉다되며其外에도또한되나니下에略示하노라

ㅃㆁ ㅂㅎㆁ ㅍㅎㆁ ㅅㅎㆁ ㅉㅎ ㅆㅎ

## 第四節　ㆁㆆ△○四切의差別

ㅇ此切은陰切中에純全한鼻音으로된者니라故로動鼻作聲이라하였으며龍飛御天

歌四十八章에굴허이（於深巷）라記함과八十九章에솑바올（松子）이라記함이有

하며尙今싸지口傳하야오난바鯉魚（리어）를잉어라鮒魚（부어）를붕어라秀魚

（수어）를숭어라하나니라

ㆆ此切은訓民正音에挹字初發聲이라하였난대龍飛御天歌에ㆆ切을初聲으로記함

은無하고오작他終聲에付合하야終聲으로記함만有하니十八章에오심제라記하

니라

△此切은訓民正音에穰字初發聲이라하였난대穰字의音을支那人이或曰땅이라하

며或曰냥이라하나니故로此는合成陰切이니라

○此表는龍飛御天歌에終聲으로記함은無하고初聲으로만記함이有하니其效力은

両個陽音이相連할時에各々自立하야合成音이못되게함이니라故로第三章에

始祖ㅣ로記함은ㅣ切을上字에合하야시되로讀하라난義요四十四章에바오리어

늘로記하야ㅓ에○를付힘은ㅓ切을自立하야各發하라난義를表示함이니라

大抵反切에對하야一大公敵이된者가有하니即

中宗朝二十二年丁亥에崔公世珍의撰定한바訓蒙字會가是니라此書가出함으로

붙어反切이正道를失하고色彩를失하야暗暗中에서退步되엿나니其退步된原因

이不少하나訓蒙字會의害毒이果然最甚하다하노라下에其例를畧示컨대

訓蒙字會例

初聲終聲通用八字

其 尼 池 梨 眉 非 時 異

ㄱ ㄴ ㄷ ㄹ ㅁ ㅂ ㅅ ㅇ

役隱 [末] 乙音 邑 [衣] 凝

邑 [衣] 凝

[末][衣]兩字只取本字之釋俚語爲聲

其尼池梨眉非時異八音用於初聲

役隱[末]乙音邑[衣]凝八音用於終聲

初聲獨用八字

ㅋ[箕]ㅌ治ㅍ皮ㅈㅊ齒△而ㅇ伊ㅎ屎

[箕]字亦取本字之釋俚語爲聲

中聲獨用十一字

ㅏ阿ㅑ也ㅓ於ㅕ余ㅗ吾ㅛ要ㅜ牛ㅠ由ㅡ應〔終聲不用〕ㅣ伊〔只用中聲〕 思〔初聲不用〕

初聲中聲合用作字例

가갸거겨고교구규그기ᄀ

以ㄱ其爲初聲以ㅏ阿爲中聲合ㄱㅏ爲字則(가)此家字音也又以ㄱ役爲終聲合가

ㄱ爲字則(각)此各字音也餘倣此

以上과如히云한지라엇지痛嘆할바아니리오

ㄱㄴㄷㄹㅁㅂㅅㅇ八切은初聲終聲에通用이라하고

ㅋㅌㅍㅈㅊ△ㅇㅎ八切은初聲에만獨用이라하야

一定한制限을주었으니此가第一不可며

○의名을異凝이라하야初聲ㅇ으로는有若無하게用하며終聲ㅇ으로는ㅇ切과如히用

ㆁ切의 名은 伊라하야 初聲으로만用하엿으니此가第二不可니라

自此以後로바침(終聲)使用法을不知하며ㆁ〇兩者도混同되야〇를ㆁ切과如히

終聲에使用하고反하야ㆁ切은終聲에不用함이始作되엿도다反切에注意하난者

ㅡ崔公의無謀함을웃지痛論할바아니리오前日에先哲이反切에對하야評論한바

가非一非再나皆是氷々過去로弄文한바되야模糊한点이不少하며近者朝鮮語文

法提要에는、切에對하야說明한바疑惑点이有하기로下에膽書하노라

「ㆁ고의發音은Hāko에近한것이아니라Hāko에近하거늘兩者를分別하지못하니가

장不合理한者라云云」

大抵英國文字는歐羅巴諸國의文字中에도大段幼稚하며沒經緯하게制作된文字

요發音法의不足함이또한甚多커날엿지右와如히英文으로朝鮮文을對照하난지

玆에其誤錯된바를示하노라

Hāko此表의發音은하코니될수업나니라

Huko 此表의 發音은 휴코니 또한될시 없나니라

此宇宙에서 特異하고 無雙한 朝鮮文字의 發音法을 엇지 幼稚한 英文에 比하리오 大

抵完全한文字로 不完全한文字를 模倣한다 함은 可라할지니 不完全한文字로 完全

한文字를 模倣한다 함은 到底히될수 없난言論이니 故로曰此는先生의 一時誤解된

바라하노라

第三章第五節에나、兩切의差別을 大畧말하엿거니와 玆에

ㅎ의正音을 更記하야 讀者의疑惑을 破코자하노라

훙　現字의音과同

현　賢字의音과同

흥　亨字의音과同

형　兄字의音과同

英文은發音만不足할뿐아니라 其文法됨이 또한甚히不足하니라

玆에讀者를爲하야 英文露文及朝鮮文의三國文으로 一例를擧하야 何國의文字는

完全하고 優越하며 何國의 文字는 不完全하고 幼稚함을 下에 對照하노라

第 一 例

I bought that horse.

That horse is very fine.

此文句에서는 馬字가 目的格이되니라

此文句에서는 馬字가 主格이되니라

奇怪하도다 同一한 文字로 何時에는 目的格이되며 何時에는 主格이되난지 是故로

其國文의 幼稚함을 難免하나니 下에 其幼稚한点을 三國文으로 示하노라

第 二 例

英文　I bought this house.

露文　Я купıлъ Эmomъ Дoлъ.

朝鮮文　내가 샀오 이 집을

英文　This house bought I

露文　Я mom'ъ да съ ky ІІ ІІ ъ Я.

朝鮮文　이 집을 샀오 내가

英文　I this house. bought

露文　Я Я mom'ъ да съ ky ІІ ІІ ъ.

朝鮮文　내가 이 집을 샀오

英文　This house. I bought

露文　Э mom'ъ да съ Я ky ІІ ІІ ъ.

英文　Bought this house. I.

朝鮮文　이 집을 내가 샀오

露文　Ку ІІ ІІ ъ Э mom'ъ да съ Я.

英文　Bought I this house.

朝鮮文　샀오 이 집을 내가

露文　Ку ІІ ІІ ъ Я Э mom'ъ да съ.

朝鮮文 삿오 내가 이것을

以上第二例의 文句를 觀컨대 朝鮮文이나 露文은 少許라도 差異가 無하니 何故오 如

何한 文句의 長短을 勿論하고 主格으로 一定한 文字는 何處에 處하든지 目的의 位를 不失

하며 目的格으로 一定한 文字는 何處에 置하든지 主位를 不失

고 其國文의 格됨이 如是히 完全無缺하여야만 方可謂文明國의 文字니라

英國文法에는 三個文字로 作成된 一個短文句로도 如是히 不足한 点이 有하거든 況

複雜한 長文句리오

大底世界各文明國의 文字란것은 源을 不知하고 流를 取한者며 根을 不知하고 枝를

取한者라 故로 發音法의 制作됨이 甚히 幼稚하야 此宇宙內에 있난 千態萬狀의 自然

聲은 莫論하고 人類와 人類間에서 相通하난 發音도 倣似하게 自己國文字로 作지못

하니 此를 엇지 完全한 文字라 稱하리오 特히

朝鮮文字는 此와 反하야 流를 捨하고 源을 取한者며 枝를 棄하고 根을 取한者라 故로

發音法의 制作됨이 四通五達하야 無限한 能力으로 少許라도 障碍없게된者니라

訓民正音에曰此空間에自然聲이有할時는自然聲의文字가亦有라하였나니

壯哉라이말삼이여此宇宙內에서幾千年來로如此한學說을主唱한者가有한가無

한가故로曰朝鮮文字는此宇宙에獨一無二한者라하노라

## 第五章　陽陰音과終聲

### 第一節　陽陰音論

陽音이란것은訓民正音에謂한바中聲이오陰音이란것은訓民正音에謂한바初聲이

니라

○訓民正音에謂한바와如히初聲이라中聲이라終聲이라하야字를作成한다함이不

可하니何故오字字마다初聲中聲終聲을不要하난故니라換言하면或字는終聲을

要하야三聲의名稱을得함이適合하나或字는不然하야初聲中聲만要하고終聲은

不要하나니如此한境遇에는終聲은無用에歸한지라此가完全한學說이못되며또

初聲은子音으로定하고中聲은母音으로定하야母子가相合하야一個의音을生한

다함이甚히不可하니此를차라리初聲이라中聲이라終聲이라稱함보다더욱理에

不合하도다何故오

子音이라母音이라稱하난것은人生의倫理에依하야區別함과如한者니萬若子息

과母親이相合하야如何한事物이든지生成한다하면此는理에甚히不當한言論이

니라故로

或者는言하되母音이라함보다父音이라함이好하며子音이라함보다母音이라함

이好하니父母音이相合하야子音을生한다함이可라云하난學說도亦有하니라

然이나此亦不完全한点이多有하니一例를示컨대

짬 뢜 此等字는父音이幾何이며母音이幾何인가第一字는四個의母音과一個

의父音이合한者며第二字는六個의母音과二個의父音이合한者며第三字는一個

의母音과四個의父音이合한者니라故로以上兩者의學說에對하야圓滿한稱號를

作코자할진대陽音이라陰音이라함이可하니라何故오

宇宙의千態萬狀을觀컨대大小를勿論하고物物마다陰陽이相合하야圓滿한物體

를作成하였나니一層더말하자면順과逆도陰陽이며明과暗도陰陽이며近과遠도

陰陽이니라故로

母子音이相合한다든지父母音이相合한다든지함보다陰陽音이相合한다함이正

히理에合하나니라

第二節　終聲論

終聲은卽바침이니訓民正音에바침을終聲이라云하였난대中路에八切로制限이

되나니라

○陰切이先하고陽切이後할時는圓滿한合音을作하지마는萬若陽切이先하고陰切

이後할時는其陰切은바침으로만使用됨은人人이皆知하난바라前日에는바침에

對하야一定한制限이有한듯하게誤用되였으나今에此를更論할必要는無하니故

로今日에는如何한陰切이든지다바침으로도使用되난것으로推測할지니라玆에

一例를示컨대

반　受

잎　覆

受覆二字는 右에 示한바와 如히 寫하여야 만될지니 萬若 受字를 밧이라 쓰든지 覆를
덥이라 쓰든지 할時는 此는 甚히 誤解된바니 其誤解点을 漢文에 比하야 下에 다시 說
明하노라

第一例 仁字

仁字는 亻邊에 二字를 加하야 作한字라 故로 萬若 亻邊에 二字를 加한다든지 木邊에
二字를 加한다든지 シ邊에 二字를 加한다든지 할時는 될수 없나니라

第二例 侍字

侍字는 亻邊에 寺字를 加하야 作한字라 故로 萬若 亻邊에 寺字를 加하면 侍字가 되며
日邊에 寺字를 加하면 時字가 되며 言邊에 寺字를 加하면 詩字가 되나니라

朝鮮文字 도 此와 如히 制作된者어날 中路에 汚儒輩가 自己의 文字를 蔑視하였음으
로 今日에 至하야 우리의 글을 밝게 能通하난者가 幾少한緣故니라 思想이 此에 及하
매엿지 驚愕할바아니며 痛嘆할바아니리오 故로 蔑學의 淺狹함을 不顧하고 愚誠을
陳하오니 讀者는 海諒하심을 切企오며 現今바침法에 對하야 誤書하난바 一二例

를下에再示하노라

例　誤　正

信　밋　믿
迎　맛　맞
任　맛　맡
從　좃　좇
前　압　앞
側　업　엎
深　깁　깊
報　갑　값

萬若信迎任從等字에 ㅅ바침을付한다든지前側深報等字에 ㅂ바침을付한다든지
할時는全혀誤書됨이니　深諒할바며　또兩個陰切로바침된字가多한지라下에略
示하노니讀者가스사로生覺할지어다

깎　넋　돐　밟

삶 짧 밝 얽 젊

핥 볿 닭 붉 읇

긁 늙 겱 숢 굼

읽 삯 밝 맑 넓

떫 읽 슰 읈 흙

욻 뭇 숢 떫

욻 없 돗 갔 잀

付 前日習慣上으로反切을誤讀하난例

ㄹ를ㅏㅓㅗㅜㅡ에初聲으로付하야發할時는ㄴ 로變함

ㄷ를ㅑㅕㅛㅠ에初聲으로付하야發할時는ㅅ 로變함

ㄷ를ㅑㅕㅛㅠㅣ에初聲으로付하야發할時는ㅅ 로變함

ㄹ를ㅑㅕㅛㅠㅣ에初聲으로付하야發할時는ㅊ 로變함

ㅅㅈㅊ를ㅑㅕㅛㅠ에各々初聲으로付하야發할時는ㅏㅓㅗㅜㅣ에付하야發할時와

如히變함

前日習慣上으로文字를誤傳하난例

ㄹㅂㅇ가某字의終聲이되야他字와相連할時에는其바침이發치못할時가有하니

如下함

泣

울지 를 우지

蹈

밟지 를 밥지

寒

춥으면 을 추으면

地

땅도 를 싸도

陰音의變作聲

不同한陰音이相連하야發할時에는其連發하난形勢의自然함을因하야變作聲이

有하니 一은自然의變作聲이오 一은強作의變作聲이니라

自然의變作聲

ㄱ가ㄴㄹㅁ의上에서는ㅇ의音과如히變作됨

ㅂ가ㄴㄹㅁ의上에서는ㅁ의音과如히變作됨

ㄱㄷㅂㅅㅈ는如何히相連하든지下切의發音이上에示한바強合音과如히變作됨

強作의變作聲

ㅎ가ㄷㅅㅈㅌ의下에서는ㄷ의音과如히變作됨

ㅎ와ㄱ가相連할時는ㅋ의音과如히變作됨

ㅎ와ㅂ가相連할時는ㅍ의音과如히變作됨

○ㅎ는他音보다第一虛弱한音이라故로他音의上에在하든지下에在하든지ㅎ音을

分明히發치못하난故로朝鮮人은ㅎ音을發하기爲하야強作하나니外國人은ㅎ音

을全혀不發하난者도有하니라

第六章 反切의行數

反切의 行數는 十五行으로 本이 되니 如下하니라

아야어여오요우유으이ㅇ

가갸거겨고교구규그기ㄱ

나냐너녀노뇨누뉴느니ㄴ

다댜더뎌도됴두듀드디ㄷ

라랴러려로료루류르리ㄹ

마먀머며모묘무뮤므미ㅁ

바뱌버벼보뵤부뷰브비ㅂ

사샤서셔소쇼수슈스시ㅅ

아야어여오요우유으아ㅇ

자쟈저져조죠주쥬즈지ㅈ

차챠처쳐초쵸추츄츠치ㅊ

카캬커켜코쿄쿠큐크키ㅋ

타탸터텨토됴투튜트 티 듸

파퍄퍼펴포표푸퓨프 피 픠

하햐허혀호효후휴흐 히 ᅙ

○反切의 行數가 十四行으로 中路에 通行된것을 十五行으로 改正하얐다하야 此에 對

하야 物論이 必有할지라 故로 玆에 數言으로 說明코자하노라

大抵言語라하난것은 意思를 發表함이오 文字라하난것은 言語를 代表함이니 故

로 文字의 制作法이 完全하며 發音의 制作法이 또한 精密하야 漏落됨이 없어야만될

것이니 萬若 文字의 制作法이 不完全한 点을 或 包含하얐거든 此를 善美하게 校正하

야 吾人의 使用에 適合하고 便利하도록 制作함이 今日 文運開發하난 盛時에 處한 吾

儕의 當然한 義務니라

萬若 此를 先賢의 鴻業이라 先祖의 偉績이라하야 虛慕를 主張하고 實地를 不踐하면

此는 反히 先賢의 鴻業과 先祖의 偉績을 無視함이니 換言하면 莫大한 不忠不孝니라

何故오

先賢과 先祖께서는 如彼히 勞心焦思하사 後世子孫에게 如此히 偉大한 福音을 賜하

셨거날 後世子孫即 今日 吾儕는 茫茫然 不知하야 夢中인지 生時인지 醉中인지 醒時

ㄴ지 能히 分辨키 難하게 되엿스니 엇지 汗出沾背할 此時가 아니리오 故로 中路에 誤

傳된바를 校正하야 다시 十五行으로 定하노라

訓民正音에 曰 此宇宙의 空間에 自然聲이 有할 時는 自然聲을 代表하난 文字가 亦有

라하야 其時에는 喉音舌音齒音唇音鼻音의 五音이 完全히 制作된者며 또 此外에 無

數한 合成音을 作하야 此宇宙에서 如何한 音이든지 模倣치 못할者이 없게 된者어날

中路에 自己의 文字를 等閑히 하엿음으로 今日에 至하야 이와 같히 模糊히 된바이니 엇

지 痛哭할者 아니리오 第七章에서 陰切의 物形을 見컨대 明若觀火니라

## 第七章　陰切의 物形

### 第一節　喉音 ㄱ切의 物形

ㄱ此切의 音은 喉로 붙어 ㄱ切形과 如히 긁어 당기난 音이니 故로 其切의 形像이 如彼하

니라

第二節　舌音ㄴ切의物形

ㄴ此切의音은舌端이ㅣ切形과如히曲하야口內天井에緊着하였다가落할時에發音되나니故로其切의形像이如彼하니라

第三節　齒音ㅅ切의物形

ㅅ此切의音은上下齒를相合한後에齒間으로ㅅ切形과如히發音되나니故로其切의形像이如彼하니라

第四節　唇音ㅁ切의物形

ㅁ此切의音은上下唇을相合하였다가更히開할時에發音되나니故로其切의形像이如彼하니라

第五節　鼻音ㆁ切의物形

ㆁ此切의音은喉나舌이나齒나唇이나何者에든지依托지아니하고聲帶로붙어鼻孔이로直通하야單純한鼻音을發하나니上下唇을合하고發音되난切은此切以外에는更無한지라故로其切의形像이如彼하니라

第六節　顫舌音ㄹ切의物形

ㄹ切의音은舌端을ㄹ切形과如히顫動하야發音을作하난者니故로其切의形像이如彼하니라

付　喉音ㅎ切의物形은直接으로對面하야說明치아니하고間接으로筆記하야說明하면讀者로하야금難觧点이有할지라故로玆에客하노라

第八章　陰切의分類

第一節　陰切의分類

單陰切을發音法에依하야分類하면如何하나라

ㅎㄱㅋ　喉音

ㄴㄷㅌ　舌音

ㅅㅈㅊ　齒音

ㅁㅂㅍ　唇音

ㆁ　鼻音

己　顎舌音

○陰切을分類하면以上과如하니即喉音舌音齒音唇音鼻音의五音이分明하니라萬

若

ㅇ切을○表로誤認하며ㄴ切이나ㅁ切의音을鼻音으로主唱하난者는學者의言論

이아니니其不可한点을下에示하노라

ㄴ切을發音코자할時에는舌端이ㄴ切形과如히口內天井에緊着하엿다가落할時

에發音되나니故로此는舌音이오鼻音은아니니라

ㅁ切을發音코자할時에는上下唇端이ㅁ切形과如히合하엿다가復開할時에發音

되나니故로此는唇音이오鼻音은아니니라

ㄴ切이나ㅁ切을發音코자할時에鼻音이亦有라하야如此한主唱을하난者가有하

나此는其誤解된바가甚한者니鼻는口와相通한孔이라故로如何흔音이든지發코

자할時에轉動되지아니할수없으며強한音을發코자할時에는全身도轉動되나니

況其孔이相通한鼻리오故로

ㆁ이라야만純粹한鼻音이니此切은他에依托지아니하고聲帶로붙어鼻孔으로

直通하야發音되난者니라

讀者에對하야難解点이有할가恐하야下에다시其階級된理由를示하노라

第二節　ㅎㅋㅋ의階級

ㅎ音보다더强한者가ㄱ音이며ㄱ音보다더强한者가ㅋ音이니故로ㄱ切에一劃을加

하야ㅋ切을作하나라

付　ㅎ音의物形은筆記로說明함이不分充한故로玆에畧하노라

第三節　ㄴㄷㄹ階級

ㄴ音보다더强한者가ㄷ音이며最强한者가ㄷ音이니故로ㄴ切에一劃을加하야ㄷ切

을作하였으며ㄴ切에二劃을加하야ㄷ切을作하나라

第四節　ㅅㅈㅊ의階級

ㅅ音보다더强한者가ㅈ音이며最强한者가ㅊ音이니故로ㅅ切에一劃을加하야ㅈ切

을作하였으며ㅅ切에二劃을加하야ㅊ切을作하나라

第五節　ㅁㅂㅍ의 階級

ㅁ音보다더 强한者가ㅂ音이며 最强한者가ㅍ音이니 故로ㅁ切上部의 兩角에各一劃

식合二劃을加하야ㅂ切을作하였으며 ㅁ切의四角에各一劃식合四劃을加하야ㅍ切

을作하니라

○太極이造化됨이여 東方이생겼도다 東方이생김이여 巍々한白頭山은높히소겼고

浩々한漢江水는길게흘느난도다

萬物이創造됨이여 陰陽이생겼도다 陰陽이생김이여 精氣란精氣는朝鮮民族에게

稟賦되였도다

宇宙에自然聲이있음이여 自然聲의文字가있도다 文字가있음이여 物形이如彼하

도다物形이如彼함이여 奧妙함이極盡하도다

# 中篇

第一章 單語의總論

第一節 單語

單語라하난것은一個文字로單純한意思를發表하난者니如下하니라

산 물 사람 집 긔차 륜션

第二節 九品詞

單語를九種으로分하야九品詞라하나니如下하니라

名詞 代名詞 數詞 動詞 形容詞 副詞 接續詞 感嘆詞 助詞

第三節 名詞

名詞라하난것은人類禽獸事物地名形色情慾等諸般名稱을말하난詞니如下하니라

사람 봉황 긔린 강산 바람 비 서울 집 킈 맑기 마음 사랑

第四節 代名詞

代名詞라하난것은名詞를代表하야말하난詞니如下하니라

나 너 이것 그 리 리

第五節 數詞

數詞라하난것은事物의數量과其順序를表示하난詞니如下하니라

하나 둘 한 두 첫재 둘재

第六節 動詞

動詞라하난것은人類나事物의一切行動을表示하난詞니如下하니라

사람이온다 배가간다 새가날는다

右에示한바 온다 간다 날는다等字는動詞니라

第七節 形容詞

形容詞라하난것은事物의性質或狀態를表示하난詞니如下하니라

이책 저연필 푸른먹 흰조희

右에示한바 이 저 푸른 흰等字는形容詞니라

第八節　副詞

副詞라하난것은形容詞나動詞나他副詞의義를더넓게表示하난詞니如下하나라

속히가자　심히맑은물　너무속히읽었다

右에示한바　속히　심히　너무等字는副詞니라

第九節　接續詞

接續詞라하난것은單語와單語나或句語와句語를連結하난詞니如下하나라

네가올때달이뒀다

뜰이피면보기좋다

공부를잘한고로문장이되엿다

右에示한바　써　면　고로等字는接續詞니라

第十節　感嘆詞

感嘆詞라하난것은喜怒哀樂의感情을表示하난詞니如下하나라

아　피　암　응　하　이런　흥

第十一節　助詞

助詞라하난것은說明語를帮助하야完全한意思를表示하난詞니名詞代名詞動詞形容詞에다使用되나니라

一　책임니다

右는名詞에使用하난例

一　나올시다

右는代名詞에使用하난例

一　오았음니다

右는動詞에使用하난例

一　크음이다

右는形容詞에使用하난例

第二章　名　詞

第一節　名詞의種類

名詞가 二種으로 大別되니 一曰 特別名詞오 二曰 普通名詞니라

## 第二節　特別名詞

特別名詞라 하난것은 一定한 事物에 對하야 獨用되난 名詞니 如下하니라

단군　조선　서울　삼각산　윤집　림경업

## 第三節　普通名詞

普通名詞라 하난것은 事物에 對하야 通用되난 名詞니 二種으로 分하야 一曰 有形名詞오 二曰 無形名詞니라

一　有形名詞　해　달　지구

二　無形名詞　정　용맹　공긔

## 第四節　有形名詞의 種類

有形名詞가 四種으로 分하니 有數名詞 無數名詞 複合名詞 集合名詞니라

一　有數名詞　책　붓　소　말

二　無數名詞　물　술　장　기름

三　複合名詞　쇠기둥　돌문　구름다리

四　集合名詞　군대　뱅성　쎼　가족

第五節　無數名詞의種類

無數名詞가二種으로分하니不變體名詞變體名詞니라

一　不變體無數名詞　지혜　힘　마음　사랑

二　變體無數名詞는二種으로分하니名動詞名形容詞니라

甲　名動詞라하난것은動詞가名詞로됨을云함이니如何한動詞에든지음或기를付하야如下히作하나니라

가…감　오…옴　쓰…씀　막…막음

잡…잡기　뛰…뛰기　베…베기　지…지기

右에示한바음及기는如何한動詞를勿論하고名詞로作코자할時에付하난者니애、이、음、개、게、等을各付하야一定한名詞를作한者와는其義가判然不同하니라例컨대

애 막…막애　부치…부채

이 잡…잡이　겨…겨이

음 뛰…뜀　숙…숨

개 베…베개　찌…찌개

게 지…지게　집…집게

玆에 其不同한点을 示하노라

막애를 삿다　　막기를 삿다

잡이를 맨들었다　잡기를 맨들었다

뜀을 뛰였다　　뛰기를 뛰였다

베개를 베였다　　베기를 베였다

지게가 있다　　지기가 있다

右에 示한바를 觀컨대 同一한 動詞로 되기字를 付할時와 他字를 付할時가 判然

不同하니 其用道에 對하야 반다시 注意할지니라

乙

名形容詞라하난것은形容詞가名詞로됨을云함이니如何한形容詞에든지음音或

기를付하야作하나니라

ㅋ…큼　높…높음　푸르…푸름

길…길기　넓…넓기　무겁…무겁기

右에示하바음及기는如何한形容詞를勿論하고名詞로作코자할時에付하난者

니名動詞作成法과如히一定한名詞를作成한者와는其義가不同하나니라

第六節　名詞의變化

名詞의變化가二種으로分하니性質變化數量變化니라

一　性質變化라하난것은人類나事物의名稱을表示할時에男女雌雄牝牡等의區別

과도有無의別을말하난者니陽性陰性中性通性의四性이是니라

甲　陽性은人類나事物이모다陽性을有한者니如下하나니라

아바지　오라비　손자　송

乙

陰性은人類나事物이모다陰性을有한者니如下하나라

丙

中性은非陽非陰의事物을云하난者니 如下하니라

조희 책 총 칼

어머니 누의 딸 암

丁

通性은陰陽의両性에共通되난者를云함이니 如下하니라

사교 손님 동생

二

數量變化라하난것은人類나事物의數量을云함이니單數와複數의二種으로分하니라

甲

單數는一個의數를云함이니 如下하니라

아희 교의 책상

乙

複數는二個以上의數를云함이니 如下하니라

아희들 교의들 책상들

右에示한바와如히名詞下에들字를付하야複數를作함이原則인대萬若名詞上에數量形容詞를付하야複數를作할時는들字를不要하나니 如下하니라

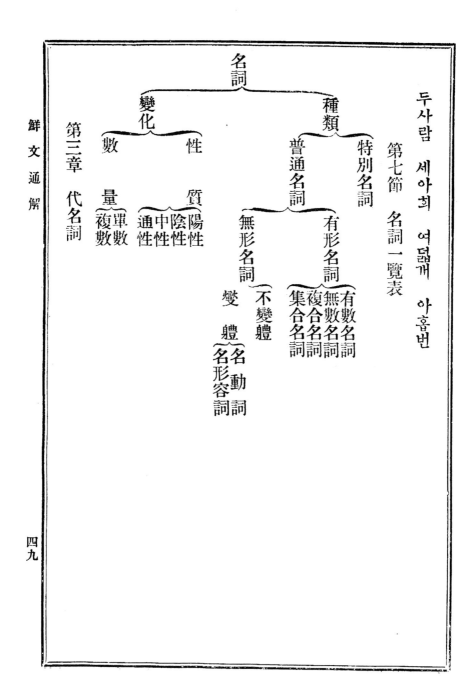

名詞
　種類
　　特別名詞
　　普通名詞
　　　有形名詞
　　　　有數名詞
　　　　無數名詞
　　　　複合名詞
　　　　集合名詞
　　　無形名詞
　　　　不變體
　　　　變體
　　　　　名動詞
　　　　　形容名詞
　變化
　　性
　　　陽性
　　　陰性
　　　中性
　　　通性
　　　質
　　數
　　　單數
　　　複數
　　　量

第三章　代名詞

第一節　代名詞의種類

代名詞가五種으로分하니人類代名詞事物代名詞處所代名詞不定代名詞關係代名

詞니라

第二節　人類代名詞

人類代名詞는人類의姓名을代表하야말하난者니第一人稱第二人稱第三人稱의三

種으로分하니라

一　第一人稱은自身에對하야自稱하난語니如下하니라

나　우리

二　第二人稱은他人에對하야直接으로稱하난語니如下하니라

너　늬이

三　第三人稱은他人에對하야間接으로稱하난語니如下하니라

이이　저이　그이

第三節　事物代名詞

◎事物代名詞는事物의名稱을代表하야말하난者니것(物)字로通用되나니라

이것 저것 그것

第四節　處所代名詞

處所代名詞는處所의名稱을代表하야말하난者니　긔、리의二種으로分하야用하나니라

一　긔

右는某處에停止한義를表하난處所代名詞

여긔산이있오　져긔물이있오　거긔배가있오

二　리

右는某處로進行하난義를表하난處所代名詞

이리오나라　저리가거라　그리도라오나라

第五節　不定代名詞

不定代名詞는人類事物處所數量時期의모든名稱을不定하야말하난者니如下하

니라

누구　人類에對한不定代名詞

무엇　事物에對한不定代名詞

어듸　處所에對한不定代名詞

얼마　數量에對한不定代名詞

원제　時期에對한不定代名詞

　　第六節　關係代名詞

關係代名詞는上下文句를連結할時에使用되난者니바字로通用되나니라

만물중에사람이귀한바느득이한정신이있음이니라

　　第七節　代名詞의變化

代名詞의變化는三種으로分하니數量待遇性質이니라

一　數量變化는名詞와略同하나但人類代名詞第一人稱及第二人稱의單數가複數

로될時에는全體가變化되나니如下하니라

單數　複數

第一人稱　나　우리

第二人稱　너　느이

第三人稱　저이　저이들

事物稱　그것　그것들

二　待遇變化는年齡과階級을從하야四層으로分하니如下하니라

甲　自身에對하야自稱한난語

시생　尊稱에用할時

제　平交에用할時

나　半下待에用할時

나　下待에用할時

乙　他人에對하야其人을稱呼하난語

존장　尊稱에用할時

로형　平交에用할時

자네　半下待에用할時

너　下待에用할時

三　性質變化는陽性陰性通性의三種으로分하니如下하니라

甲　人類에對하야用하난性

남자　陽性에對한語

녀자　陰性에對한語

어　通性에對한語

乙　事物에對하야用하난性

숭　陽性에對한語

암　陰性에對한語

것　通性에對한語

第八節　代名詞一覽表

代名詞

├─ 種類
│　├─ 人類代名詞 ── 第一人稱・第二人稱・第三人稱
│　├─ 事物代名詞
│　├─ 處所代名詞 ── 停止의義를示・進行의義를示
│　├─ 不定代名詞 ── 人類・處所・事物・數量・時期
│　└─ 關係代名詞
│
└─ 變化
　　├─ 數量變化 ── 單數・複數
　　├─ 待遇變化 ── 尊稱・平交・半下待・下待
　　└─ 性質變化 ── 陽性・陰性・通性

第四章 數詞

第一節 數詞의種類

數詞가二種으로分하니個數詞序數詞니라

第二節 個數詞

個數詞라하난것은事物의個數를表示하난者니名詞體와形容詞體의二種이有하니라

一 名詞體

하나 둘 셋 넷 다섯 여섯 스물 백

二 形容詞體

한 두 세 네 다섯 여섯 스무 백

第三節 序數詞

序數詞라하난것은事物의順序를表示하난者니事物에對하야用할時는名詞體個數詞下에재를付하야作하되日月에對하야는不同하니如下하나라

一 事物에 對한 序數詞

첫재 둘재 셋재 넷재 다섯재

二 日에 對한 序數詞

초하로 초이틀 초사흘 초나흘 초닷세

초엿세 초일헤 초여듧헤 초아흘헤 초열흘 보름 스무날 금음

三 月에 對한 序數詞

정월 이월 삼월 사월 오월 륙월 칠월 팔월 구월 십월 십월 동지달

첫달

## 第四節 數詞一覽表

```
        ┌ 個數詞 ┬ 名詞體
        │        └ 形容詞體
數詞 ───┤        ┌ 事物에 對한 序數詞
        └ 序數詞 ┼ 日에 對한 序數詞
                 └ 月에 對한 序數詞
```

第五章　動詞

第一節　動詞의種類

動詞가二種으로分하니自動受動이니라

第二節　自動

自動이란것은其動作이自己의意志로發動됨이니如下하니라

불이피었다　꼬의에섰다　마차에탔다

第三節　受動

受動이란것은其動作이自己의意志로發動되지못하고他人의意志에依하야되난者

니動詞에어지를付하야作하나니라

불이피어졌다……피어지었다

꼬의에섞졌다……스어지었다

마차에타졌다……타아지었다

었或았　이나　어지或아지는다　一般이니下文에示하나니라

## 第四節　時　期

時期란것은動作하난時間의變遷됨을云함이니有期助詞를付하야過去現在未來와

完成及不完成을表示하나니라

집엇다（過去）집눈다（現在）집겟다（未來）

一　不完成體

　집엇다　　　直說法

　집엇겟다　　假說法

一　完成體

　집엇엇다　　直說法

　집엇엇겟다　假說法

助詞를下에示하얏음으로玆에略하노라

## 第五節　變　體

變體는三種으로分하니名動詞副動詞形動詞니라

甲

名動詞란것은動詞가名詞로됨을云함이니음或기를付하야作하나니라

주…줌　받…받음　잇…잇음

붙…붙기　놓…놓기　좇…좇기

名動詞의性質을第二章에서말하였음으로茲에畧하노라

乙

副動詞란것은動詞가副作로됨을云함이니게를付하야作하나니라

가…가게　오…오게　얏…얏게

벗…벗게　신　신게…스…스게

丙

形動詞란것은動詞가形容詞로됨을云함이니은、난、을、을各付하야過去現在

未來의三期로分하나니라

돋은달　돋난달　돋을달

읽은책　읽난책　읽을책

간사람　가난사람　갈사람

온사람　오난사람　올사람

付　如何한動詞를勿論하고萬若其字의終聲이ㄹ切로될時는變體의發音과不

變體의發音이有하니라

一　變體의發音

| 字 | 俗 | 正 |
|---|---|---|
| 泣 | 울 |  |
|  | 운아희 | 울은아희 |
|  | 우난아희 | 울난아희 |
|  | 울아희 | 울울아희 |
| 解 | 풀 |  |
|  | 푼실 | 풀은실 |
|  | 푸난실 | 풀난실 |
|  | 풀실 | 풀을실 |
| 布 | 쌀 |  |
|  | 싼자리 | 쌀은자리 |

쌔난자리　쌀난자리

쌀자리　쌀울자리

洗　　俗　　正

쌀　　쌴옷　　쌀은옷

　　　쌔난옷　쌀난옷

　　　쌀옷　　쌀울옷

## 二　不變體의 發音

沸　설　설은물　설울물

　　　　설난물

鑽　둘　둘은것　둘울것

　　둘　둘은것　둘난것

右에示한바原因은前日에우리의文字를等閑히한緣故니라

文化가日로進步되난今日에處한諸君은俗에誤傳되난發音에對하야如何히看過

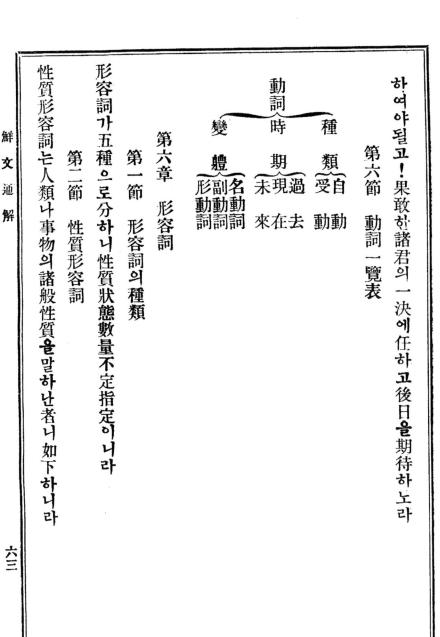

하여야될고！果敢한諸君의一決에任하고後日을期待하노라

第六節 動詞一覽表

動詞
種類｛自動 受動
時期｛過去 現在 未來
變體｛名動詞 副動詞 形動詞

第六章 形容詞

第一節 形容詞의種類

形容詞가五種으로分하니性質狀態數量不定指定이니라

第二節 性質形容詞

性質形容詞는人類나事物의諸般性質을말하난者니如下하니라

착한　악한　사나운　순한

## 第三節　狀態形容詞

狀態形容詞는 人類나 事物의 諸般狀態를 말하난 者니 如下하니라

놉은　낮은　붉은　푸른

## 第四節　數量形容詞

數量形容詞는 人類나 事物의 諸般數量을 말하난 者니 定數와 不定數의 二種으로 分하니라

一　定數

한　두　세　네

二　不定數

여러　몃　맘　쯕

## 第五節　不定形容詞

不定形容詞는 人類나 事物에 對하야 確定치못하고 疑惑이 生할時에 云하난 者니 三種

으로 分하야 一은 生物에 用하고 一은 無生物에 用하고 一은 生物及無生物에 通用하나

니라

一 어는　　　生物用

　어는사람　어는아희　어는개

二 무슨　　　無生物用

　무슨것　무슨책　무슨조희

三 엇던　　　通用

　엇던사람　엇던새　엇던것

엇던通用者는 엇더한의義니即如何히된義니라 故로어는무슨等字의義와는

同하니此를漢文으로分類하면如下하니라

어는사람　何人

무슨물건　何物

엇던사람　如何한人

엇던物件　如何한物件

第六節　指定形容詞

指定形容詞는人類나事物에對하야確實히指定하난者니近稱中稱遠稱引稱의四種으로分하니라

一　이　近稱

여긔있난이책을보시오

二　그　中稱

로형앞에있난그책을보시오

三　저　遠稱

져긔있난저책을보시오

四　그引稱

어제보든그책이져긔있오

第七節　變體

變體가 三種으로 分하야 名形容詞 動形容詞 副形容詞니 如下하니라

一 名形容詞는 形容詞가 名詞로 됨을 云함이니 음或기 를 付하야 作하나니라

갈……갈음　　굳……굳음

희……희기　검……검기　붉……붉기

二 動形容詞는 形容詞가 動詞로 됨을 云함이니 動詞와 如히 助詞를 付하야 過去現在未來를 表示하나니라

크　　크은다　　크겠다

붉　　붉는다　　붉겠다

크　　크었다

붉　　붉었다

三 副形容詞는 形容詞가 副詞로 됨을 云함이니 게或히 를 付하야 作하나니라

굵……굵히

얇……얇게　　얇히

짧……짧게　　짧히

얕……얕히

많……많히

第八節　形容詞一覽表

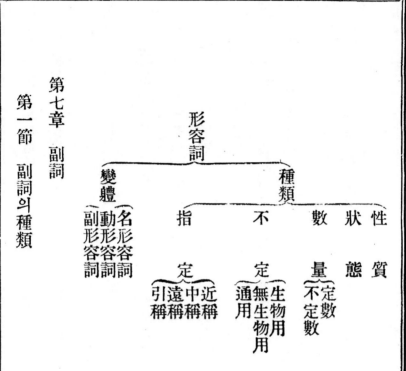

第七章　副詞

第一節　副詞의種類

副詞는六種으로分하나니場所를示하난副詞時期를示하난副詞度量을示하난副詞動

作及性質을示하난副詞、副動詞、副形容詞니라

第二節　場所副詞

場所를示하난副詞는其方向에依하야不同하니下에略示하노라

一　停止의義를示할時

여긔(近稱)거긔(中稱)져긔(遠稱)거긔(引稱)

二　進行의義를示할時

이리(近稱)그리(中稱)져리(遠稱)그리(引稱)

三　不定의義를示할時

어듸

四　遠近의義를示할時

갓갑히　멀니

第三節　時期副詞

時期를示하난副詞는其時期에依하야不同하니下에略示하노라

一　過去의義를示할時

　　발서　악가

二　現在의義를示할時

　　지금　막

三　未來의義를示할時·

　　다음에　미구에

四　長時의義를示할時

　　늘　작구

五　短時의義를示할時

　　곧　잠간

六　時期의重複을示할時

　　자조자조　드믄드믄

鮮文通解

七〇

第四節　度量副詞

度量을 示하난 副詞는 事物의 多小와 適不適에 依하야 不同하니 下에 略示하노라

一　適度의 義를 示할時

　고루게　알맞게

二　不足의 義을 示할時

　겨우　단지

三　過度의 義를 示할時

　너무　심히

第五節　動作及性質副詞

動作及性質을 示하난 副詞는 動作과 性質에 依하야 不同하니 下예 略示하노라

一　應諾의 義를 示할時

　예　물론

二　反對의 義를 示할時

아니

三　決心의 義를 示할 時
　결단코

四　能力의 義를 示할 時
　능히

五　無能의 義를 示할 時
　못

六　疑惑의 義를 示할 時
　아마

七　方法의 義를 示할 時
　이러케　그러케　저러케

第六節　副動詞

副動詞는 第五章에 말하엿슴으로 下에 其例만 略示하노라

감게　놓게　날니게　쓰게　켜게

副形容詞는第六章에말하얏슴으로下에其例만略示하노라

第七節　副形容詞

짜게　승겁게　놉히　깁히

第八節　變化

應對에對하야階級的變化가有하니如下하니라

예　네　　　尊稱에用할時

예　네　　　平交에用할時

응　오　　　半下待에用할時

오냐　그래　下待에用할時

第九節　副詞一覽表

場所　時期

| | 副詞 |
|---|---|
| | 種類 〈 度量 / 動作及性質 / 副動詞 / 副形容詞 |
| | 變化 〈 尊稱 / 平交 / 半下待 / 下待 |

第八章　接續詞

第一節　接續詞의 種類

接續詞의 種類는 單字와 疊字의 二種으로 分하야 動詞와 形容詞에 다 使用되나니 下에 畧示하노라

第二節　單字接續詞

一　고字

뜰은피고새는울은다　動詞에 用

그것은굵고 이것은가늘다　　形容詞에用

右는前事가畢하고後事가生할時에付함

一、 으며字

말이뛰며 소리를질는다　　動詞에用

한편은붉으며한편은푸르다　　形容詞에用

右는前後事가並行할時에付함

一、 으나字

너는가나나는못가겠다　　勤詞에用

그것은크나이것은젹다　　形容詞에用

右는前後事가서로反對될時에付함

一、 어도字

먹어도고프다　　動詞에用

크어도못쓰겠다　　形容調에用

右는 行하여도 不合한 境遇가 有할 時에 付함

一

을사록字

불사록보고싶다　　　動詞에用

젹을사록아람답다　　　形容詞에用

右는 行할사록더욱欲望이 生할 時에 付함

一

때字

그사람이올때내가보았오　　動詞에用

빛이흴때물색을드리려　　　形容詞에用

右는 動作或狀態의 時를 云할 時에 付함

一

면、으면字

쓸이피면향긔롭다　　　動詞에用

짧으면못쓰겠다　　　形容詞에用

右는 假定의 義를 示할 時에 付함

一 **올지라도**字

너는나를바릴지라도나는너를사랑한다　動詞에用

그빛은푸를지라도무방하다　形容詞에用

右는讓與의義를示할時에付함

一 **고로**字

글을읽은고로알았다　動詞에用

글을읽난고로못가겠다　動詞에用

글을읽겠난고로이곳에왔다　動詞에用

저나무는큰고로집재목이되겠다　形容詞에用

저나무는날마다크난고로장차하날을괴겠다　形容詞에用

저나무는크겠난고로사랑한다　形容詞에用

右는理由의義를示할時에付함

　第三節　疊字接續詞

一 나 나疊字

소경은자나새나일반이다　動詞에用

크나적으나한모양이다　形容詞에用

右는一樣의義를示할時에付함

一 다 다疊字

읽다쓰다한다　動詞에用

붉다푸르다한다　形容詞에用

右는二件事가一時에發生될時에付함

一 든지 든지疊字

가든지오든지마음대로하시오　動詞에用

길든지짧든지관계말으시오　形容詞에用

右는兩者中에隨意의義를示할時에付함

一 을가 을가疊字

줄가 말가 한다

클가 젹을가 오녀다

右는 疑惑의 義를 示할 時에 付함

動詞에 用

形容詞에 用

一 으락 으락疊字

으락 으락한다

오락 가락한다

붉으락 푸르락한다

右는 一定한 方向의 行動이 無할 時에 付함

形容詞에 用

動詞에 用

動詞에 用

第四節 接續詞 一覽表

接續詞 ｛單字 ｛疊字

第九章 感嘆詞

第一節 感嘆詞의 種類

感嘆詞는 普通品詞와 不同하야 文句中에서 完全한 一部分의 要素를 作成하지 못하고

오작感情을表示하난聲調에不過하나니故로其感情에依하야區別된지라下에畧示

하노라

一 하　喜樂의義를表할時

一 에그　惻憫의義를表할時

一 애고　悲哀의義를表할時

一 아　驚愕의義를表할時

一 아야　苦痛의義를表할時

一 응　不悅의義를表할時

一 피　蔑視의義를表할時

一 암　合意의義를表할時

第十章　助詞

第一節　助詞의種類

助詞가二種으로分하나니有期助詞無期助詞니라

## 第二節　有期助詞

有期助詞라하난것은說明語가動作하난時期를要할時에帮助하난者니過去現在

은未來겠의三期로分하야使用됨이原則인대過去눈앗이앗或엿으로되며現在눈이눈

으로될時가有하니此눈說明語字의後接한陽音이ㅏ或ㅗ切로될時에앗으로되며陰音後接이될時눈現在

他陽音의次에ㅣ陽切이合한合成陽音이될時눈엿으로되며

은이눈으로되나니如此한緣由눈發音의不便이生함이며하字下에엿을付함은ㆆ音

이特히虛弱한故니라

甲　動詞에付하난有期助詞

一　ㅓ切에付하난엇字例

一　ㅓ切에付하난엇字例　혹운이벗엇다　발을걷엇다　초목도젓엇다

一　ㅕ切에付하난엿字例　만고풍상겪엿다　이리저리엮엿다　뚝바로켜엿다

一　ㅜ切에付하난엇字例

一　一切에付하난엿字例

큰고기를물었다　든든히두었다　앙천대소웃었다

一　ㅣ切에付하난엿字例

봉황이쓰었다　백학이스었다　차물이셜었다

二　ㅏ切에付하난앗字例

달이가지에걸니었다　귀를씻었다　만나기를빌었다

二　ㅗ切에付하난앗字例

천리마가자왔다　주인이사왔다　그사람이타왔다

三　ㅐ切에付하난녓字例

지구가돌았다　봄이오왔다　장안호걸을다모았다

三　ㅔ切에付하난녓字例

청산에록수를대엿다　명월로공산을채엿다　버들가지에노새를매엿다

달을억개에메엿다　불을낫낫히세엿다　담배불에데엿다

三　ㅚ切에 付하 난녔字例

태산으로괴였다　반석이되였다　사방에외였다

三　ㄱ|切에 付하 난녔字例

두루처줘였다　가지가휘였다　노루가뛰였다

三　ㅓ切에 付하 난녔字列

석탄으로믜였다　고루고루피였다　문서를의였다

三　하에 付하 난녔字例

산넘기를하였다　물뛰기를하였다　평생사업하였다

乙　形容詞에 付하 난 有期助詞

一　ㅓ切에 付하 난녔字例

몹시읽었다　대단젊었다

一　丁切에 付하 난녔字例

너무묵었다　매우굳었다

一　一切에付하난었字例

시간이늦었다　세월이빨느었다

一　一切에付하난었字例

길이만길었다　속은비었다

一　、切에付하난었字例

빛도꿇었다

二　ㅏ切에付하난았字例

달이밝았다　마음도맑았다

二　ㅑ切에付하난았字例

백지보도얇았다　무엇갈히약았다

二　ㅗ切에付하난았字例

과연곱았다　하날이높았다

三　녔字를付하난例

지척난븐그안개원제저리개였노

하로밤눈에엿지저리희였나

有期助詞는時期만表示할샏이라故로有期助詞下에無期助詞를반다시要하나

니라

第三節　無期助詞

無期助詞라하난것은說明語가時期를有한者든지不有한者든지莫論하고다使用되

난者니直說法疑問法自問法共動法命令法이各有하야尊稱平交半下待下待의四階

級으로分定되나라

一　直說法에使用되난無期助詞

甲　名詞에付할時

이것이책임니다　　임니다　　尊稱

이것이책이오　　　이오　　　不交

이것이책일세　　　일세　　　半下待

이것이책이다

이것이뱀니다　　　　이다　下待

이것이배요

이것이밸세

이것이배다

以上에도 屢々히 示하엿거니와 上字의 陽音과 下字의 陽音이 相連할 時는 發音에 不便이 生하난 故로 下字의 陽音을 除하거나 下字가 陰音으로 될 時는 陽音을 加하난 것이 通則이니라 故로

조희로도 배를 하엿다 할 時는 로 一字만 要하고

책으로도 배를 하엿다 할 時는 으로 二字를 要하나니 以下에도 모다 如此하니라

乙　代名詞에 付할 時

왔든 사람이 남니다　　임니다　尊稱

왔든 사람이나요　　　이오　平交

왔든사람이날세　일세　半下待

왔든사람이나다　이다　下待

丙　動詞에付할時

尊稱　음니다

개였음니다　갬니다　개겠음니다

平交　오

개였오　개오　개겠오

半下待　네

개였네　개네　개겠네

下待　다

개였다　껀다　개겠다

尊稱平交半下待의三階級은現在로될時에有期助詞를不要하나니라

丁　形容詞에付할時

尊稱　음니다

밝았음니다　밝음니다　밝겠음니다

平交　오、으오

밝았오　밝으오　밝겠오

半下待　네

밝았네　밝네　밝겠네

下待　다

밝았다　밝는다　밝겠다

形容詞에는無期助詞만付하야其狀態를直說할時도有하니如下하니라

尊稱　음니다

너무밝음니다　좀큼니다　매우힘니다

平交　오、으오

너무밝으오　좀크오　매우회오

半下待　네　으네

너무밝으네　좀크네　매우희네

下待　다

너무밝다　좀크다　매우희다

二　疑問法에使用되난無期助詞

甲　名詞에付할時

| 이것이책임닛가 | 임닛가 | 尊稱 |
| 이것이책이오 | 이오 | 平交 |
| 이것이책인가 | 인가 | 半下待 |
| 이것이책이냐 | 이냐 | 下待 |

乙　代名詞에付할時

| 그사람이누굼닛가 | 임닛가 | 尊稱 |
| 그사람이누구요 | 이오 | 平交 |

그사람이누군가　인가　半下待

그사람이누구냐　이냐　下待

丙

動詞에付할時

尊稱　시읍닛가　으시읍닛가

잡으시엿읍닛가　過去

잡으심닛가　現在

잡으시겠읍닛가　未來

平交　읍닛가

잡앗읍닛가　잡읍닛가　잡겟읍닛가

半下待　나

잡앗나　잡나　잡겟나

下待　느냐

잡앗느냐　잡느냐　잡겟느냐

丁　形容詞에付할時

尊稱　음닛가

이것이넓음닛가　저것이좁음닛가

平交　오　으오

내물이맑으오　그맛이짜오

半下待　은가

하날이푸른가　하날이놉은가

下待　으냐

저산이얕으냐　그굴이깊으냐

三　自問法에使用되난無期助詞

尊稱　람닛가　으람닛가

먹으람닛가　주람닛가

平交　릿가　으릿가

먹으릿가　주릿가

半下待　을가　을가

먹을가　줄가

下待　랴　으랴

먹으랴　주랴

四　共動法에使用되난無期助詞

尊稱　시읍시다　으시읍시다

공원으로가십시다　교의에앉으십시다

平交　읍시다

공원으로갑시다　교의에앉읍시다

半下待　세

공원으로가세

교의에앉세

五

命令法에 使用되난 無期助詞

尊稱　시읍시오　으시읍시오

기둥을세우십시오　이짐을말 으십시오

平交　시오　으시오

기둥을세우시오　이짐을말으시오

半下待　게

기둥을세우게

이짐을말게

下待　아라　어라　여라　거라　나라

최후행복받아라　못된욕망잊어라

자긔사업하여라　속히가거라　앞으로오나라

下待　자

공원으로가자　교의에앉자

第四節　助詞一覽表

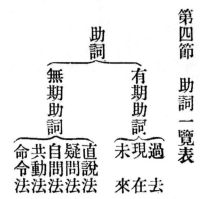

# 下篇

第一章 文章의 總論

第一節 文章의 組織法

文章이라하난것은 數多한 單語를 集合하야 意思를 發表하난者라 故로 其組織된 法을 五種으로 分하니

詞 句 節 章 編 이 是니라

一 詞라하난것은 一文中에서 一個의 文字로 單純한 意思를 表示하난者니라

二 句라하난것은 數個의 詞를 集合하야 一種의 文을 作成한者니라

三 節이라하난것은 數個의 句를 集合하야 一種의 文을 作成할時에 其部分을 區別하난者니라

四 章이라하난것은 數個의 節을 集合하야 一種의 文을 作成할時에 區別되난 者니라

五

篇이라 하난것은 數個의 章을 集合하야 一種의 文을 完結한者니라

第二節　句語의 組織法

句語를 組織하난法은 完全한 格이 第一要素가 되나니 萬若 其格이 分明치 못할 時는 意

思의 發表가 또한 完全치 못하나니라 朝鮮文은 反切의 發音法만 宇宙에 特異할뿐아니라

句語의 組織法도 또한 特異하니 如下하니라

第三節　八格

格이 八種으로 分하니 如下하니라

主格　領格　顧格　與格　役格　對格　比格　疑格

一　主格

主格　이、 가

범이 산에서 뉘엿다　　배가 물에 뗐다

主格이 이、 가 二字로 된것은 兩個陽音이 相連할時에 發音의 不便이 生하난故

니以下의 各格도 亦同하며 特히 人類代名詞 나 너 저 三字에는 ㅣ 切을 加하야 如下

히 作하나니라

내가 네가 제가

二 領格 의 ,

그사람의책이다 이아희의것이다

特히人類代名詞나、너、저三字에는ー切을加하야如下히作하나니라

내 네 제

三 願格 을 를

저사람이말을샀오 나는소를사겠다

四 與格 에게

본서방에게전하시오 저사람에게주시오

特히人類代名詞나、너、저三字에는ー切을加하야如下히作하나니라

내게 네게 제게

五 甲 에

對格은三種으로分하니如下하니라

산에 옥이 있다　물에 새가 뛰엇다

特히 人類代名詞 나 너 저 三字에는 ㅣ切을 加하야 如下히 作하나니라

내게　네게　제게

右는 停止의 義를 示할 時에 付함

乙　으로

긔차가 경성으로 온다　새가 산으로 날녀간다

特히 人類代名詞 나、너、저 三字에는 ㅣ切을 加하야 如下히 作하나니라

내게로　네게로、제게로

右는 進行의 義를 示할 時에 付함

丙　에서

고목에서 싹이 나온다　땅에서 물이 솟았다

가지에서 새가 울은다　쯸속에서 나비가 잠을 잔다

特히 人類代名詞 나、너、저 三字에는 ㅣ切을 加하야 如下히 作하나니라

내게서　네게서　제게서

右는某範圍以內에서活動或退出할時에付함

六　役格　으로　로

右는　콩으로메주를쑤었다　나무로다리를놓았다

七　比格은六種으로分하니如下하니라

甲　만

너만보아라　나만가겠다

右는分離의義를示할時에付함

乙　와　과

너와나는그누구냐　바람과비를다가졌다

右는連合의義를示할時에付함

丙　은　는

기는쪽으나얼골은곱다.

쓸은붉으나 넓은푸르다·

右는反對의義를示할時에付함

丁　도

네가가면나도가겠다　산도높고물도깊다

右는同意의義를示할時에付함

戊　나　이나

연필이나철필이나아모것이나주시오

썩이나과실이나마음대로자시오

右는隨意의義를示할時에付함

己　든지　이든지

썩이든지과실이든지다먹겠다

집이든지밭이든지다사겠다

右는混合의義를示할時에付함

누군지오락가락하오　팔인지콩인지알수없다

누군지문을두다리오　무엇인지뚝々떠러지오

## 第四節　句語의成分

句語의成分이四種으로分하니主語說明語客語補助語니라

一　主語

달이매우밝다　개가짖는다

主語라하난것은一文句에서主位에處한語를云함이니故로右와如히云할時는

달개等字는主語니라

二　說明語

소가크다

말이온다

說明語라하난것은一文句에서主語의動作或狀態를說明하난者니故로右와如

히 云할 時 는   크다  온다   等字 는 說明語 니라

三

客語

학생이 그림을 그린다   저 이가 아희에게 주었다

客語라 하난 것은 一文句에서 主語의 動作을 受하난 語니 故로 右와 如히 云할 時 는

그림 아희 等字 는 客語 니라

四

補助語

補助語 큰   主語 아희가   補助語 굵은   客語 나무를   補助語 깊히   說明語 심었다

說明語 미력같은큰   主語 아희가   客語 굵고굵은 나무를   補助語 힘하고놉은산에   補助語 깊히깊히   심었다

補助語라 하난 것은 一文句에서 主語나 客語나 說明語의 義를 더 補助하야 表示하난 者니 或曰 修飾語라 하나니라

第五節  句語의 性質

句語의 性質이 組織에 依하야 直說法 假說法 傳說法 可能法 無能法 不爲法 有限法 無限

法共動法命令法自問法疑問法이有하니如下하니라

一 直說法

배가온다　물이깊다

右는 主語의 動作或狀態를 直說하난者니라

二 假說法

배가오면타겠다　물이깊으면고기가많다

右는 主語의 動作狀態를 假定하야말하난者니 接續詞면字를 付하야 作하나니라

三 傳說法

가겠다고한다　가자고한다　가라고한다

가릿가고한다　가겠느냐고한다

右는 他人의 動作或狀態를 傳하난말이니 고字를 付하야 作하나니라

四 可能法

공중에서능히댕긴다　그일이잘되겠다

右는主語의有力함을말하난者니能力을表示하난副詞를付하야作하나니라

五 無能法

그사람은못오겠다　저물은못막겠다

右는主語의無力함을말하난者니 副詞못字를付하야作하나니라

六 不爲法

이아희는아니읽는다　너도아니읽겠느냐

右는主語의能力이有하나不爲함을말하난者니 副詞아니字를付하야作하나니

라

七 有限法

그사람은내일오겠다　이아희는어제왔다

右는主語의說明이一定한時期가有할時에말하난者니時期副詞를付하야作하

나니라

八 無限法

그 사람은 왔다  이아희는 왔다

右는 主語의 說明이 一定한 時期가 無할 時에 말하난 者니 時期副詞를 不付하고 作
하나니라

九 共動法

싸리를 쥐십시다  노를 죄십시다

右는 主語의 動作과 作伴코자 할 時에 말하난 者니라

十 命令法

이씰을 씻게  저것은 꺾지 말게

右는 主語가 客語에 對하야 命令을 주난말이니라

十一 自問法

쌀을 주릿가  돈을 주릿가

右는 主語의 動作을 他人에게 問議할 時에 말하난 者니라

十二 疑問法

앗은것이무엇이냐　그것이앵무샌가

右는主語의動作或狀態를不知할時에問하난말이니라

### 第六節　句語의種類

句語가二種으로分하니一個의主語로된者를單句라하며二個以上의主語로된者를

複句라하나니라

一　單句

바람이불었다　비가왔다　쓸이피었다

二　複句

바람이불며비가온다

쓸에서는나븨가자고가지에서는새가울은다

### 第七節　複句의部分

複句는數個의單句를集合하야된者라故로其組織에依하야主句、屬句、獨立句의別

이有하니라

一
主句

主 屬 局
句 句

뿌리가깊어야 가지가무성한다
　　主　句

물이맑으면 고기가없다
屬句　主句

主句라하난것은一文中에서主位에處한者를云함이니라

二
屬句

屬 主
句 句

눈이오면 경치가좋다
　屬句　主句

하날이높고달이밝으면 장부의심회가산란하다
　　　屬句　　　　　主句

屬句라하난것은一文中에서恒常主句에付屬된者를云함이니라

三
獨立句

獨立句

사람도떠들고 개도짖은다
獨立句　　獨立句

닢은푸르고 쓸은붉으며 향괴는아람답다
獨立句　獨立句　　獨立句

獨立句라하난것은主屬間에關係가無하고各其自立한者를云함이니라

第八節 文句의排置法

排置法이라하난것은一文句를作成할時에字와字를排置하든지句와句를排置하난

法이니라

第九節　單文句의排置法

單文句의排置法이四種으로分하니順置法逆置法倒置法亂置法이니라

一　順置法

主語　客語　說明語
아희가　책을　샀오

右의文句는順置法이니主語가先하고客語가後하며說明語가終함이니라

二　逆置法

客語　主語　說明語
책을　아희가　샀오

右의文句는逆置法이니客語가先하고主語가後하며說明語가終함이니라

三　倒置法

說明語　客語　主語
샀오　책을　아희가

右의文句는倒置法이니主語와說明語의位置를全혀顛倒함이니라

## 亂置法

主語 아희가　客語 책을　說明語 삿오

說明語 삿오　主語 아희가　客語 책을

客語 책을　主語 아희가　說明語 삿오

右의 文句는 亂置法이니 一定한 順序가 無함이니라 順置法逆置法은 普通作文에 使用되며 倒置法亂置法은 詩家에 맘히 使用되나니라

### 第十節　複文句의 排置法

複文句의 排置法은 主句와 屬句의 境遇에 依하야 各其 不同하니 複文句內의 各句語가 總히 主句로 될 時는 其排置에 對하야 上下의 別이 無하되 萬若 主句와 屬句가 合하야될 時는 主句의 上에 屬句를 置함이 原則인대 此亦 單文句와 如히 任意로 排置法을 作하나니라

一　主句와 主句가 相合된 複文句의 排置法

비가오며 눈이온다

主句　主句
눈이오며 비가온다

二　主句와 屬句가 相合된 複文句의 排置法

甲　主句의 上에 屬句를 置하난 例
　　屬句　　主句
　　동풍이불면 굿은비가오나니라
　　屬句　　主句
　　가을이되면 하날이놉흐니라

乙　主句의 下에 屬句를 置하난 例
　　主句　　屬句
　　굿은비가오나니라 동풍이불면
　　主句　　屬句
　　하날이놉흐니라 가을이되면

丙　主語와 說明語의 間에 屬句를 置하난 例
　　　　屬句
　　굿은비가 동풍이불면 오나니라
　　　　屬句
　　하날이 가을이되면 놉흐니라

鮮文通解 終

大正十一年六月廿七日　印刷

大正十一年六月三十日　發行

不許複製

鮮文通解

定價八十五錢

著作兼發行者　李弼秀
京城府中林洞一四七ノ二番地

印刷者　魯基禎
京城府堅志洞三十二番地

印刷所　漢城圖書株式會社
京城府堅志洞三十二番地

發行所　漢城圖書株式會社
京城府堅志洞三十二番地